AF254128

# SOLUTION PRATIQUE

## DE

## LA QUESTION

# DE COCHINCHINE

OU

## FONDATION DE LA POLITIQUE FRANÇAISE

DANS L'EXTRÊME-ORIENT,

PAR

## M. H. ABEL.

PARIS

CHALLAMEL AINÉ, ÉDITEUR,     E. DENTU, LIBRAIRE,
RUE DES BOULANGERS, 30.     AU PALAIS-ROYAL.

1864

# SOLUTION PRATIQUE

## DE

## LA QUESTION

# DE COCHINCHINE

## OU

## FONDATION DE LA POLITIQUE FRANÇAISE

### DANS L'EXTRÊME-ORIENT,

PAR

## M. H. ABEL.

———————

PARIS

CHALLAMEL AINÉ, ÉDITEUR,

LIBRAIRE COMMISSIONNAIRE POUR LA MARINE, LES COLONIES ET L'ORIENT,

rue des Boulangers-Saint-Victor, 30 (5ᵉ arrondissement).

1864

# AVANT-PROPOS.

Un des faits significatifs de notre époque se passe depuis
le commencement du siècle dans le bassin des mers de Chine :
il consiste dans l'importance toujours croissante des relations
commerciales des nations maritimes civilisées avec les peuples
qui habitent les régions baignées par ces mers. Les avantages
offerts par les richesses naturelles de ces contrées ont poussé
quelques nations à prendre position dans ces parages : les
Espagnols et les Hollandais y ont conquis les premiers de
vastes territoires, et leur métropoles en retirent des bénéfices
considérables ; les Russes doivent à leur politique constante
auprès de la Cour de Pékin, de grandes possessions d'où ils
obtiennent une large part de commerce avec le Japon et les
provinces septentrionales de la Chine; l'Angleterre, enfin, éche-
lonnant depuis quelques années une série de comptoirs sur la
route des Indes en Chine, à Pulo-Pinang, Singapour, Hong-
Kong et Sang-Haï, domine déjà le commerce entier de cet empire, et s'ouvre celui du Japon. Une prospérité d'une rapidité
sans exemple a justifié l'heureux choix de ces points, et cette nation, aidée par son instinct commercial et par l'impérieux besoin
de donner des débouchés à son industrie et à son commerce,
en viendra à se demander, à une date peut-être rapprochée,
si elle ne doit pas conquérir la Chine. L'empire des Indes et
ses 120 millions d'âmes subjuguées seront certainement un
gage suffisant à ses yeux pour tenter la réussite de cette colos-
sale entreprise.

A côté de ces situations, la France ne peut rester en arrière et se borner, comme les États-Unis, à profiter des avantages obtenus par les autres nations, sans participer à leur conquête. A moins de vouloir abdiquer à l'extérieur toute prépondérance digne de sa grandeur, nos gouvernements devaient se préoccuper de revendiquer dans ces mers la part qui nous revient de droit. Il y a peu de temps encore leurs efforts avaient été impuissants à créer un mouvement maritime sérieux, et il n'en pouvait être autrement avec les quelques îlots qu'on s'était borné à nous annexer : nous mettons hors de cause l'Algérie, qui, par son voisinage et la similitude de ses productions, ne peut être considérée comme une colonie. Aucune conception large ne devait sortir d'une politique qui n'avait en vue que des intérêts étroits : mais au contraire, depuis les dernières expéditions lointaines, la France peut songer à retrouver au dehors non-seulement l'activité nécessaire à son commerce, pour le développement de son industrie et la création de débouchés en vue de l'avenir, mais elle peut aussi reprendre la noble mission civilisatrice qui lui a toujours donné une place si élevée dans le monde. Nous allons nous occuper de ses intérêts actuels dans l'extrème Orient.

L'expédition de Chine, au point de vue pratique, n'a eu d'autre but que de nous placer dans ces parages au même niveau que les Anglais, préparés à l'avance à jouir de ses résultats, et de les empêcher d'en profiter seuls au détriment des peuples maritimes de l'Occident, en ouvrant de vastes marchés aux transactions européennes. Notre commerce cependant ne devait trouver là que des étapes encore trop insignifiantes. Habitué à compter sur la protection de l'État, n'osant rien prendre sur son initiative, il réclamait une garantie à l'abri de laquelle il pût se développer, en subissant l'impulsion des nombreux pionniers de ces contrées. Cette garantie lui est assurée désormais par les conséquences de l'*expédition de Cochinchine,* et elle existe dans la possession des trois provinces cédées par le gouvernement de cet empire. Il est digne de remarque que parmi les efforts accomplis depuis cinquante ans pour rendre à notre patrie un nouveau domaine colonial, et pour établir des relations avec l'extrême Asie, la Cochinchine a constamment été choisie de préférence, et que notre politique s'est toujours préoccupée de cette contrée. Les avis sont unanimes, surtout depuis qu'elle est mieux connue, pour la représenter non-seulement comme apte à devenir une colonie puissante entre nos mains, et comme devant nous indemniser des sacrifices nécessités par sa création, mais comme la seule contrée de l'Asie capable de profiter des bienfaits de notre civilisation. L'avenir ne saurait démentir ces témoignages, à l'appui desquels on pourrait même citer ceux d'éminents politiques anglais.

Le long séjour que nous avons fait dans cette contrée, et la part active que nous avons prise à sa conquête et à son administration ; notre confiance dans la complète réussite de l'exécution d'un vaste plan colonial; enfin l'accueil bienveillant fait à une brochure rédigée pour faire ressortir les avantages de cette possession, alors qu'on paraissait projeter son abandon, tous ces motifs réunis nous engagent à présenter quelques idées sur cette question, afin de lui donner l'appui de nos faibles lumières. Nous touchons à un moment où les événements peuvent se précipiter et commander d'agir. La rapidité de la prospérité de cette colonie et la durée de nos sacrifices en dépendent. Pour ces raisons, nous allons examiner quel est le but auquel nous devons prétendre, et d'après les circonstances en déterminer notre point de départ et notre mode d'action pour l'avenir : les voies et moyens seront différents pour arriver au résultat, selon ce point de départ et selon la politique que nous suivrons.

# SOLUTION PRATIQUE

DE

## LA QUESTION

# DE COCHINCHINE

OU

## FONDATION DE LA POLITIQUE FRANÇAISE

### DANS L'EXTRÊME ORIENT

---

Nous émettrons deux principes dont l'exécution immédiate doit être le fondement de notre puissance en Asie, ainsi que nous allons le prouver :

I. La possession d'un territoire assez vaste pour devenir par lui-même une colonie prospère nous est nécessaire, indispensable, pour arriver, dans un avenir prochain, à un but large, élevé et digne de la grandeur de la France.

II. Notre politique doit cesser de se tenir en contact avec le gouvernement de Hué sur des bases d'égalité ; la nature de ce rôle est fini avec lui, et le point de départ unique et rationnel pour nos intérêts est dans le traité du 5 juin 1862.

Les développements qui suivent vont expliquer suffisamment notre pensée, et démontrer, nous l'espérons, la justesse de ces deux principes, dont nous avions cherché à soutenir le premier dans une brochure intitulée : « La question de Cochinchine au point de vue des intérêts français, » principe qui, conformément à nos vœux, vient de recevoir une sanction solennelle du gouvernement. Nous pouvons donc dire que toute idée de rétrocession de notre conquête pour des avantages plus illusoires que réels, offerts par les Annamites, paraît désormais bannie des conseils de la France. Un ordre opposé à la rétrocession de notre conquête a été adressé à Saïgon, et annule dès ce jour toutes relations diplomatiques entamées avec le gouvernement annamite, en dehors de celles qui ont pour base le traité du 5 juin 1862.

Il est encore inutile de mettre à l'appui de ce principe la discussion du traité rétrocessif qui vient d'avoir lieu à Hué pendant le mois de juillet 1864; car il ne résulte rien de sérieux de ces relations diplomatiques, si ce n'est un échange de demandes et de réponses fait à 3,000 lieues de distance, et interminable par le renvoi des conditions d'un gouvernement à l'autre. Notre honneur national ne sera pas ainsi taché par une non-ratification, ce qui aurait été inévitable si les Annamites avaient été assez rusés pour accepter des deux mains le nouveau traité que nous leur offrions, sauf à ne pas en tenir plus de compte que du précédent.

On voit qu'il est temps de cesser toutes ces discussions oiseuses et stériles, qui tiennent les colons et les habitants de notre possession dans une incertitude ruineuse depuis plus de deux ans, au détriment des intérêts de la France. Toute négociation ultérieure ne doit être qu'un jeu des Annamites pour gagner du temps, pour nous déconsidérer à nos propres yeux et à ceux de la population indigène, et pour obtenir, au moyen de propositions illusoires, que nous nous dépouillions nous-mêmes : elle ne peut enfin que favoriser des intérêts particuliers mesquins, au détriment d'intérêts généraux.

*Nous allons donc rechercher quelle doit être notre politique, en prenant comme base le second principe énoncé plus haut, principe* DONT LA VÉRITÉ EST DÉJA CONFIRMÉE PAR LES ÉVÉNEMENTS.

Nos relations avec le gouvernement annamite ont été assez nombreuses depuis six ou sept ans, pour que nous puissions nous former à son égard un plan arrêté : nous savons la faible confiance que méritent les promesses qu'il n'hésite pas à faire très-grandes pour nous engager dans la voie qu'il veut suivre. Notre politique doit donc, en se tenant sur ses gardes, envisager uniquement le but que nous nous proposons. Elle découle alors de l'examen des deux idées suivantes :

La France veut-elle agir pour le présent ou pour l'avenir? Toute la question réside dans ces quelques mots.

L'action de la France, pour le présent, lui assurera une colonie, avec une domination sur plus d'un million et demi de sujets.

L'action de la France, pour l'avenir, est, dès le début, la même que celle pour le présent; mais elle lui donnera un protectorat qui étendra sa domination sur les vingt millions d'âmes qui peuplent cet empire. Là seulement est un but élevé et digne de nous.

*Deux systèmes de politique en résultent donc, c'est-à-dire :*

*1° Devons-nous rompre définitivement nos relations de n'importe quelle nature avec le gouvernement de Hué?*

*2° Ou bien faut-il, en prenant pour base la possession de nos trois provinces, nous contenter de développer la prospérité de cette conquête, en étendant en même temps notre influence politique sur l'empire annamite?*

L'un ou l'autre de ces systèmes nous mène à la possession des six provinces de la basse Cochinchine, qui sont indispensables pour constituer soit une colonie prospère dans le premier cas, soit une influence assez prépondérante pour arriver à l'exécution du deuxième système. Par conséquent, leur mise en pratique présente deux voies différentes :

*L'une d'elles, résultant du système colonial restreint, réclame l'emploi immédiat de moyens énergiques, et* MÈNE A LA GUERRE.

*L'autre, provenant du système colonial, à vues étendues sur l'empire entier, dépend surtout de l'habileté de notre action politique sur ce gouvernement, et doit nous donner* PACIFIQUEMENT *les plus beaux résultats.*

La différence qui existe entre ces deux systèmes est très-grande, et leur mise à exécution nécessitera des moyens bien différents. Car, en descendant l'*échelle économique des causes et effets de l'expédition de Cochinchine* et en les étudiant d'après chacune de ces hypothèses, on verra que le système de guerre n'est qu'un corollaire du système de paix, dans le cas où le gouvernement annamite s'entêterait à ne pas suivre la conduite que réclament ses intérêts. Le bon sens nous indique, de son côté, qu'il est de la plus grande sagesse d'user d'abord de tous les moyens pacifiques avant d'en revenir à la guerre. *Ce sont ces idées que nous adoptons, car elles doivent clore l'ère des expéditions et des conquêtes violentes, pour faire place aux conquêtes morales.*

Nous allons en donner les preuves par l'examen des voies les plus avantageuses pour arriver à la possession des six provinces.

La première objection dont le deuxième principe demande la réfutation est celle-ci :

*La possession des trois provinces cédées à la France par le traité du 5 juin 1862 constitue-t-elle un point de départ* RATIONNEL ET SUFFISANT?

*Nous répondrons* OUI.

Leur situation géographique est assez connue pour que nous nous bornions à rappeler qu'elles sont enclavées entre la totalité de l'empire annamite, dont elles n'ont rien à craindre, et les trois provinces sud de la basse Cochinchine. La question à résoudre se borne alors à celle-ci :

*Est-ce notre influence qui aura à redouter celle du gouvernement annamite dans la basse Cochinchine ; ou plutôt, n'est-ce pas notre influence qui séparera du reste de l'empire annamite les trois provinces sud ?*

Nous nous rangeons immédiatement à cette dernière opinion, et nous affirmons ce fait, que la possession de nos trois provinces n'a nullement à redouter, soit une rébellion dans leur sein, soit un hostilité sourde suscitée par les manœuvres des agents de la cour de Hué, soit une dépopulation amenée par des menaces au profit des provinces annamites. Au contraire, par la force des événements, pacifiquement et sans transition brusque, notre influence pénétrera à un tel point dans ces trois provinces, qu'avant quelques années elles nous appartiendront sans rompre nos relations avec cette cour, et en nous procurant des avantages que n'offriraient pas leur possession immédiate.

Un remarquera que nous faisons passer avant la conquête des six provinces le désir de conserver nos relations avec la cour de Hué : nous savons qu'elles seront peut cordiales d'abord, MAIS IL SUFFIT DE SAVOIR LES RENDRE INTÉRESSÉES : *là est le vrai nœud de la question.* Nous montrerons que même avec des relations tendues, si la cour de Hué veut rompre la première ( ce qui n'arrivera pas ), nous pouvons, quand nous le voudrons, lui rendre la position insoutenable dans ces trois provinces, et arriver à notre but sans hostilité déclarée : le résultat définitif s'obtiendra plus vite de cette manière qu'avec une rupture amenant la conquête par la guerre.

Pour cela, nous admettons qu'avec la possession de nos trois provinces comme point de départ, l'influence de notre puissance et le prestige de notre force matérielle ont été assez éprouvés par les habitants de la basse Cochinchine, pour que nos sujets ne se prêtent plus aux manœuvres des agents de Hué et rendent leur présence impossible sur notre territoire. Nous nous basons encore sur les dispositions favorables de la majorité de la population pour accepter notre domination ; sur les avantages énormes qu'elle retire sous notre administration par la liberté de son travail et la jouissance des bénéfices qu'il lui procure ; sur la justice de notre caractère et sur la protection qu'elle en reçoit contre toute espèce d'exactions, même de la part de ses chefs. *Ce sont des faits tellement acquis pour les populations en ce moment, que nous ne craignons aucun démenti pour l'exactitude de ces appréciations.*

*Examinons dans quelles conditions nous met ce même point de départ vis-à-vis de nous-mêmes, et affirmons à l'avance qu'il est plus avantageux pour la France de s'en tenir d'abord au territoire des trois provinces, que de s'étendre sur les six.*

C'est sur ces bases, si défavorables en apparence, que nous fondons tout l'avenir de notre puissance : *car il ne faut plus que notre politique puisse être à la merci des caprices de la cour de Hué ou des événements qui peuvent y survenir ; il faut au contraire que les rôles soient renversés, qu'à n'importe quel moment cette cour soit à la discrétion de notre influence, et qu'elle vive désormais sous cette impression.*

Ce résultat capital nous est donné par l'exécution du traité du 15 juin 1862 ; par l'influence que notre administration nous fait acquérir sur leur population ; par l'éducation que nous répandons chez elle librement ; par la religion que nous lui enseignons, et par une assimiliation relative à nos idées. Enfin, en ne négligeant l'introduction d'aucune amélioration morale, tout en développant nos intérêts matériels, nous l'amènerons à être française de cœur avant peu. Nous avouons que rien de tout cela n'est possible avec le simple protectorat des six provinces, même en supposant de bonnes dispositions à la cour de Hué ; et si nous n'avions cru ces résultats trop difficiles, nous nous serions immédiatement rangé à ce système de protectorat, quoiqu'il ne présentât que des avantages matériels très-chanceux.

*La possession des provinces cédées par le traité de 1862 nous suffira donc, si nous démontrons que les bases qu'elle nous offre sont assez larges pour dominer la situation intérieure et extérieure.* Il faut pour cela que le territoire que nous administrons nous-mêmes soit assez compacte et assez vaste pour former à lui seul une colonie déjà importante, et qu'il nous donne un levier pour tenir en respect le reste de l'empire, et au besoin réagir contre lui, dès que nous aurons rassemblé les éléments convenables. Il est nécessaire aussi que sa trop grande étendue n'affaiblisse pas notre influence, au moment où elle a besoin de toute sa vigueur pour écraser le dernier germe hostile à notre domination.

L'expérience de plus de deux années d'administration sur ces trois provinces a démontré la valeur de leur possession ; car notre influence et notre commerce s'y sont développés d'une manière remarquable, malgré la guerre, l'insurrection et la situation critique que leur imposait une politique trop hésitante. Ces résultats proviennent de ce que le pays est administré directement par nous, et ils attestent que la population a une grande confiance dans la fixité de nos principes, dans lesquels elle voit le gage de son bonheur et de la prospérité du pays. Les résumés statistiques prouveraient assez la valeur de ces trois provinces comme simple colonie, pour que nous soyons dispensés de nous y arrêter. Cependant nous dirons que ce territoire est suffisant, parce que, avec le peu de personnes connaissant encore le pays et ayant des vues pratiques à son égard, une extension serait prématurée ; parce qu'il est préférable de ne porter notre domination sur les trois autres provinces, que lorsque notre influence sera bien assise sur les trois premières. Alors notre administration pourra s'y exercer facilement par la connaissance que nous aurons faite des gens influents, et aucune protection ne lui sera nécessaire pour fonctionner. Cette manière d'agir évite la création de 15 à 20 petits postes militaires perdus dans le pays, difficiles à ravitailler,

occasionnant de grandes dépenses en hommes et en argent, et nous affaiblissant. Car, si notre action devait s'exercer avant que les esprits y fussent bien préparés, l'élément hostile acquerrait plus de force en s'adjoignant l'élément corrompu, dissolu et pillard qui, en tous pays, est à la piste des commotions pour les exploiter à son profit.

*Pour compléter cette série de preuves déjà bien nombreuses, nous montrerons qu'avec les provinces de Saigon, Bien-hoa et Mytho, nous avons vis-à-vis de nous-mêmes et envers les colons et les indigènes des devoirs sérieux et des travaux considérables à accomplir.* Les capitaux et les établissements de crédit nécessaires au développement du commerce et de l'industrie ne réclament-ils pas impérieusement une assiette solide de notre influence pour commencer leur action? La confiance la plus parfaite doit donc être ramenée dans nos trois provinces pour que des opérations commerciales puissent s'y engager en toute sécurité par l'attrait des transactions croissantes avec les pays asiatiques et européens. La tranquillité intérieure y sera facilement maintenue, grâce aux moyens de répression que nous avons et du prestige de nos troupes sur la population ; l'extension de la prospérité n'y est pas bornée, et les cultures, dont nous devons encourager le développement sur les terres vagues, auront lieu, puisque déjà l'intérêt du lucre a pris le dessus sur les passions politiques. La formation d'une classe de fonctionnaires indigènes, pénétrés des principes de notre civilisation, doit être l'objet de nos soins, parce qu'elle est indispensable pour propager nos idées et nos tendances jusqu'au bas de l'échelle ; la création de nombreuses écoles répandant l'amour de l'étude, tendra à nous assimiler la nouvelle génération avec l'aide de la religion ; enfin, nous devons amener les indigènes à avoir confiance entre eux, pour qu'ils reconnaissent vite que leurs intérêts sont les mêmes que les nôtres. Notre but étant une domination bienfaisante, ils étendront d'eux-mêmes l'influence française dans le reste de l'empire.

*Voyons encore quelle est la situation de ce point de départ par rapport aux trois provinces annamites et au reste de l'empire : nous allons prouver que notre situation n'aura rien de précaire à cause du voisinage des provinces qui enclavent nos possessions.*

Il suffit pour cela d'établir les conditions dans lesquelles se trouvent nos administrés et ceux des provinces annamites du Sud. Sur notre territoire, par suite de la liberté du travail et du commerce, de la régularisation de la quotité individuelle des impôts, et de la cessation des concussions, les propriétaires ont vu leurs revenus presque triplés depuis trois ans. Au contraire, l'Annamite des provinces Sud sera soumis encore au monopole royal, qui lui prendra à vil prix, en sus de l'impôt, les denrées nécessaires à ses besoins ; et s'il lui reste quelques produits, il devra acheter chèrement à ses administrateurs avides le droit de venir nous les vendre. Avec une disproportion aussi grande entre les indigènes des deux territoires, on voit que le désir de faire tomber la barrière du *fleuve-frontière* naîtra bientôt dans les esprits.

*Mais le plus précieux avantage de cette politique est d'amener l'occasion de* RELATIONS INTÉRESSÉES *entre le gouvernement de Hué et le nôtre.*

Dans ce but, les rapports entre ce gouvernement et le gouverneur de nos provinces doivent être l'objet d'une attention sérieuse et soutenue dans un certain ordre d'idées. Pour capter sa bonne volonté, il n'est pas nécessaire de sortir de la voie droite et patriotique tracée par le traité de 1862. Une société asiatique ne se mène pas comme une société européenne : tous ses rouages sont plus longs à mettre en mouvement, et surtout, quand la mise en activité est commencée, il faut savoir lubrifier la machine pour lui faire exécuter l'évolution désirée ; mais avant tout, la conservation de la possession de la matière lubrifiante est nécessaire. Si l'on s'en défaisait, on s'exposerait à dépenser, pour la reprendre, autant d'efforts et de sacrifices qu'en a coûté la première mise en marche. C'est ce que nous aurions fait dans le cas d'une occupation restreinte dans la basse Cochinchine avec le protectorat des six provinces. Nous ne saurions mieux apprécier cette situation qu'en la comparant à celle d'un créancier qui avancerait à l'un de ses mauvais débiteurs un capital dont l'intérêt devrait le rembourser de la rente de sa créance, et qui ne s'assurerait ni de la conservation du capital, ni du paiement de cette rente.

Nous n'avons pas la prétention de vouloir indiquer une ligne de conduite invariable pour réaliser la possession des trois autres provinces ; car nous ne saurions diriger les visées du gouvernement annamite. Mais il est facile de reconnaître que nous pouvons lui faire sentir que le moment de sa dépossession dépendra complétement de sa conduite à notre égard. S'il veut remplir les clauses du traité de 1862, nous devons lui en faciliter les moyens : cependant l'exécution immédiate de tous ses articles serait un résultat difficile à obtenir ; il faut l'y amener insensiblement par notre action sur lui. Notre but doit tendre à lui faire apprécier la portée de notre contact, qui deviendra un moyen d'émulation dans lequel il trouvera quelque chose d'utile ou de profitable. Il appréciera alors les services que nous lui rendrons, et il nous en saura gré. Quand ses agents en auront reconnu la valeur, ils les trouveront bientôt indispensables. Les avantages que nous acquerrons ainsi seront plus grands que ceux obtenus en nous retranchant derrière l'exécution ponctuelle du traité, et entre autres, nous y gagnerons un protectorat réel sur les trois autres provinces. Nous ne devons pas faire reconnaître ce protectorat, car nous serions retardés dans notre marche pour obtenir celui de l'empire entier. Cette voie nous permet aussi de nous faire payer l'indemnité de guerre, en établissant dans ces trois provinces des sources nouvelles de revenus, telles que les fermes de jeux d'abord, puis celles de l'opium. Toutes les charges de l'administration des trois provinces Sud resteront entre les mains des Annamites jusqu'à ce que nous puissions prétendre à leur possession. Nous aurons dès ce moment acquis assez d'influence pour qu'ils désirent être aidés par l'introduction de fonctionnaires français. Ayant déjà éprouvé sur une petite échelle l'effet bienfaisant de notre administration, ils pourront être amenés à nous demander un protectorat sur l'empire entier. La demande doit venir d'eux, ou tout au moins nous ne devons leur offrir ce protectorat que lorsque nous pourrons obtenir en échange certains avantages, et le plus précieux pour nous serait la possession des trois provinces sud. Ainsi, au lieu de nous déposséder, comme on le propose, pour arriver au protectorat de la basse Cochinchine, c'est l'inverse qui aurait lieu, et dès que la possession des six provinces serait un fait accompli, le moment du protectorat total ne serait pas éloigné.

Dans tous ces raisonnements, nous avons supposé *le gouverne-*
*ment annamite désireux de conserver de bonnes relations avec nous,*
*même après son échec pour rentrer en possession de nos trois pro-*
*vinces. Nous croyons ses dispositions telles et nous pensons être dans le*
*vrai.*

Si, contre nos prévisions, il n'en était pas ainsi, ce n'est pas à
la guerre qu'il faudrait avoir recours encore ; notre tactique
devrait seule changer. Dans ce cas, nous ne chercherions pas à
acquérir notre influence en développant la prospérité des trois
provinces voisines. C'est à la lutte ouverte de nos intérêts contre
ceux des agents de Hué que nous devrions de mettre la main non-
seulement sur le commerce de ce territoire, en y étendant notre
influence, mais encore d'arriver, par une transaction, à sa possession, après leur en avoir rendu la domination impossible. Les
moyens à employer sont nombreux ; on les trouve dans l'ouver-
ture du port de Mytho au commerce européen et chinois, qui
développerait dans ces trois provinces un appât du lucre que
toutes les défenses n'arrêteraient pas ; dans la protection occulte
de la contrebande sur notre frontière du Grand Fleuve, pour toutes
les denrées prohibées par le gouvernement annamite, soit à l'im-
portation ou à l'exportation ; enfin, dans nos réclamations pour le
paiement de l'indemnité de guerre, suivies, au besoin, d'embargos
sur les convois destinés à l'alimentation de la capitale. Beaucoup
d'autres moyens de ce genre, rabaissant constamment l'influence
annamite, seraient à notre disposition, sans parler d'un travail
latent en notre faveur, facile à entretenir au moyen d'agents de
ces provinces, pris soit parmi les païens, les chrétiens ou les cam-
bogiens ; nous pourrions encore les menacer d'agir de la même
manière dans le Tonquin, et ces mesures seraient d'un effet
immanquable, pour ramener la cour à l'exécution de nos volontés
*Tous ces modes d'action seraient mis en jeu selon nos besoins politi-*
*ques ; mais nous pensons sincèrement que leur emploi ne sera pas*
*nécessaire.*

Cependant nous ne nous dissimulons pas que plus d'un froisse-
ment sera reçu au contact des Annamites ; mais il ne faut pas s'y arrêter. Nous devons avoir en vue l'intérêt seul de l'avenir. Le gou-

vernement de ce peuple reconnaîtra bientôt que nous pouvons lui faire plus de mal et lui créer des embarras plus sérieux qu'il ne serait en mesure d'en susciter contre nous. D'un autre côté, nous devons jeter quelquefois les yeux en arrière, étudier la situation du moment, en la comparant à ce qu'elle était au début, *et surtout examiner comment elle se présente au point de vue annamite*. Nous éviterons ainsi d'avoir à briser la résistance trop ouvertement, et nous apprendrons à ne pas humilier la classe puissante des gouvernements de ce peuple en nous abstenant de toute ostentation de nos succès. Si rien ne doit être brusqué pour ce qui touche aux prérogatives de ces hommes, on peut dire aussi que désormais toute question doit devenir difficilement désespérée avec eux. Il faut encore se rappeler qu'avec les Asiatiques, une concession qu'on a fait désirer, a une bien plus grande valeur quand elle est offerte à propos et avec une apparence de désintéressement. De là à placer des agents français auprès des conseillers de cet empire, il n'y a qu'un pas : mais nous ne devons pas les imposer. Leur utilité doit être reconnue par la cour de Hué, ce qui ne saurait tarder, à cause des besoins que nos relations font déjà naître chez elle. *Nous affirmons que ce résultat est plus facile à obtenir qu'on ne le croit, avec de la* VOLONTÉ *et de la* PERSÉVÉRANCE.

Il nous reste à faire entrevoir *les désavantages qui résultent de la conquête des trois provinces Sud exécutée par la force des armes.*

Une rupture avec le gouvernement de Hué en surgit immédiatement, et elle excitera une grande défiance contre nous, en faisant naître chez lui la crainte de nous voir augmenter bientôt nos prétentions. Un conflit permanent d'intérêts amènera désormais les plus grands obstacles, et quand viendra le moment d'entrer de nouveau en relations, il sera bien difficile de faire revenir ce gouvernement. Bornons-nous à indiquer la détermination qu'il pourrait prendre de se jeter dans d'autres bras en se servant de l'intermédiaire de Chinois ! Nous serions alors frustrés de tous nos sacrifices, et nos projets d'avenir seraient anéantis. C'est ce qu'il faut éviter à tout prix, autant que la guerre : car avec celle-ci la plus grande confusion règne dans les esprits des indigènes des trois provinces Sud, et les menées des agents de Hué, dont l'énergie se développerait au plus haut degré, deviendraient très-préjudiciables aux intérêts de notre domination. Ce n'est que dans deux ou trois ans, au plus tôt, que nous serons à même de nous étendre. Ce temps ne sera pas perdu ; car le voisinage des provinces régies par les Annamites pourra nous donner plus d'un enseignement qui ne sera pas à dédaigner. Nous sommes loin de vouloir dire que nous devions suivre leurs conseils ou imiter leurs exemples ; mais il n'est pas indifférent de voir de près ce que les gouvernants de ce peuple en obtenaient.

Nos assertions trouvent un appui sérieux dans l'examen du résultat négatif des négociations qui viennent d'avoir lieu à Hué, il y a à peine deux mois. Comment se fait-il que les Annamites n'aient pas accepté les modifications au traité de 1862 que nous allions leur offrir sur la demande de l'ambassade venue à Paris ? Comment ? Cette dépossession qui leur tenait tant à cœur, ils l'acceptent maintenant ; car ils se laissent arrêter par les détails secondaires de la fixation d'un nombre d'annuités. Eux, si mauvais débiteurs, puisqu'ils ne paient déjà plus leur indemnité de guerre, auraient-ils donc l'intention de remplir à l'avenir leurs engagements ? S'ils avaient voulu réellement rentrer en possession de leurs provinces, ils nous auraient payé régulièrement cette dette, au moins jusqu'à la conclusion du traité de rétrocession. *Puisqu'il n'en a rien été, cette inobservation indique un changement complet dans leur politique, ou plutôt elle nous la dévoile.*

Nous en voyons la preuve la plus évidente dans le chiffre élevé auquel ils affectent d'avoir laissé coter leurs six provinces, et en acceptant en outre notre protectorat. Par cette conduite, ils veulent établir un précédent, mais involontairement ils nous font faire un pas immense dont nous devons profiter. *Nous tenons désormais*, disons-nous, *ce gouvernement dans nos mains : car il se rallie au traité du 5 juin 1862 ; et il n'ose pas, aux yeux de son peuple, le faire ouvertement.* Il traîne en longueur, mais c'est pour ne pas choquer l'opinion publique, qui chez lui ne se fait que lentement. Il veut pour cela gagner du temps par des négociations à distance : elles plaisent à son caractère, parce qu'elles conviennent à la situation de sa politique intérieure, et qu'il n'ose pas affronter l'exécution des stipulations amenées par les événements. C'est désormais l'abandon de six provinces à notre domination qui est

entrée dans ses vues; seulement, il veut paraître ne les céder qu'a-
vec les plus faibles désavantages ; enfin, il consommera lentement
le sacrifice, parce qu'il retardera dans sa pensée l'épouvantail de
l'absorption d'une autre partie de l'empire.

Ainsi, les idées pratiques dont nous avons expliqué plus haut
l'application, se déduisent de l'examen de la conduite politique intérieure tracée à ce gouvernement par le traité de 1862 : mais
encore leur mise à exécution concorde avec la voie nouvelle dans
laquelle la cour de Hué vient d'entrer. C'est lentement qu'il faut
que le sacrifice se fasse, *c'est donc de la patience que nous devons
avoir.* Par une des bizarreries que ne peut prévoir l'esprit humain, au même moment, à Paris et à Hué, par la force des cho-
ses, les déterminations d'hommes politiques représentant deux
peuples si différents, rentraient, poussés par les besoins des intérêts de leurs nationalités, dans la voie dont ils avaient voulu s'é-
carter.

Nous n'aimons pas à raisonner sur des bases fausses, aussi
n'avons-nous pas voulu sortir du cercle que les événements ont
tracé à notre politique. Si nous nous inclinons devant les faits
accomplis, contre lesquels beaucoup de personnes voudraient revenir, en s'emparant immédiatement des trois provinces du Sud,
c'est que nous trouvons dans la réalisation de ces projets moins
d'avantages pour notre patrie. Nous avons exposé aussi clairement que possible le résultat de nos réflexions sur cette question,
et en les offrant au public, nous espérons qu'il reconnaîtra combien est grand notre désir de le convaincre de la vérité des principes que nous avons avancés. Nous le répétons, *la seule base solide
et rationnelle de notre puissance future en Asie découle du traité du
5 juin 1862.*
Car nous avons prouvé successivement :
1° *Que ce traité devait être le point de départ de notre politique,
par la conservation de la possession complète des trois provinces qu'il
nous donne, au lieu d'un protectorat sur les six provinces, rendu
bientôt illusoire ;*
2° *Que la possession des six provinces nous était indispensable et
devait être la limite de nos conquêtes ; mais qu'en ce moment trois*

*d'entre elles suffisaient, à cause des grands travaux à y exécuter, pour nous donner une colonie prospère et pour faire dominer notre influence sur les six, en étendant notre protectorat sur le reste de l'empire;*

*3° Que notre politique devait dominer l'influence annamite par la création de relations intéressées entre ce royaume et la France, et que nous devions tenir avec habileté son gouvernement dans notre complète dépendance.*

*4° Que tous ces résultats pouvaient être obtenus par l'emploi de moyens pacifiques, et que la guerre ne devait être entreprise que lorsque nous aurions reconnu le refus formel de ce gouvernement de marcher sous notre impulsion civilisatrice.*

*Pour achever ce travail, nous allons passer à l'examen succinct des voies et moyens nécessaires pour établir cette politique, dont les avantages ont été prouvés d'une manière irréfragable.*

Si nous avons affirmé avec la plus grande assurance la possibilité d'établir dès ce moment des relations durables avec cet empire, même en conservant les trois provinces et en marchant à la possession des six, c'est que nous avons pu *corroborer nos convictions* à ce sujet par une présence constante de quatre mois au milieu des ambassadeurs annamites, et que nous en trouvons un sûr garant dans la manière dont ils comprenaient les idées que nous leur exposions sur l'avenir de leur patrie. Mais il faut se rappeler que pendant longtemps nous serons, pour la majeure partie des gouvernants de ce peuple, des conquérants avides, à cause de la dépossession de leur prestige, conséquence de notre présence dans le pays. Nous subirons donc indubitablement l'application de ce proverbe annamite : *Crains le tigre que tu ne tiens pas en cage,* jusqu'à ce que nous ayons désarmé leur défiance. Montrons clairement le but limité de nos tendances à ce gouvernement, et faisons qu'il reconnaisse que notre extension dépend complètement de sa conduite envers nous. Faisons qu'il oublie la perte des six provinces, qu'il ne les regrette plus et se resigne à leur abandon. Alors nous pourrons espérer qu'il se livrera franchement à nous.

Nous continuons à affirmer que nous étendrons notre influence plus vite sur l'empire entier par l'intermédiaire de son gouvernement, et que nous le préparerons ainsi à recevoir, sans secousse, sans transition brusque, notre protectorat. Nous l'habituerons progressivement à mettre sa confiance en nous, en travaillant à l'élévation morale de son peuple, en lui montrant que nous cherchons à développer sa prospérité, en lui faisant quelques concessions, en flattant et en entretenant la bonne entente par des relations désintéressées, mais inflexibles, sur le maintien des prérogatives essentielles au prestige de notre influence et de notre force. Tout ce qui précède s'adresse aux gouvernants de ce peuple; quant à lui, des sentiments si élevés ne le frapperaient pas; mais il le sera assez par son contact avec nous, ne serait-ce que par le cabotage considérable qui mêle déjà ses intérêts avec les nôtres. De toutes les provinces, les barques annamites affluent à Saigon, attirées par le lucre que leur donne la liberté de notre commerce; les patrons et les équipages des 15,000 barques qui y viennent annuellement raconteront dans leurs foyers les merveilles de notre civilisation, et répandront les effets de notre bienveillance, de notre justice, de notre amour du peuple et de nos efforts pour accroître la richesse de nos administrés. Tout le commerce de l'empire se concentrera à Saigon, et alors viendra le moment de le développer, en ouvrant les ports que le traité nous accorde.

*Nous dirons donc que le rôle de la guerre est terminé avec celui de la diplomatie : il dépend désormais de nous de rendre leur emploi inutile. C'est à la persuasion d'entrer en lice,* non-seulement dans l'empire entier, mais surtout dans nos provinces. Si notre but avait été de parler de l'organisation, de l'administration de ce pays et du développement rapide à donner à ses cultures, nous aurions émis des idées que nous avons cherché à rendre pratiques avant tout, en les adaptant à notre caractère et surtout à celui du peuple annamite. Nous verrions que l'emploi de nos forces sera même bientôt inutile, pourvu que le pays les sache prêtes à frapper, en alliant la plus grande fermeté à une intègre justice et à une bonté affable; et que *l'action d'un bataillon de lettrés, élevés dans nos principes, remplacera désormais l'usage de nos baïonnettes pour propager notre influence.*

*La politique que nous proposons pour nos possessions de l'extrême Asie est basée,* comme on le voit, sur le gage permanent d'un territoire assez vaste pour nous assurer la sujétion du gouverne-

ment annamite. Elle écrase de sa supériorité celle qui n'aurait
pour assiette qu'une indemnité dont un territoire trop restreint
ne pourrait nous assurer le paiement; dans le cas d'inexécution,
une réaction nous serait impossible, à moins de recommencer les
sacrifices les plus coûteux. *C'est là la véritable condamnation du
protectorat restreint.* Si notre politique est applicable dans toutes
les circonstances, si elle se localise aussi bien à la basse Cochinchine et à l'empire d'Annam, qu'elle se généralise pour nos relations avec les souverainetés limitrophes, la mise en pratique de
ses principes doit être l'objet de notre attention la plus sérieuse.

Nous devons nous rappeler que nous faisons l'éducation politique et morale d'un peuple dont la Providence nous confie la ré-
génération. Cette mission élevée convient à merveille au génie de
la France, et elle trouvera, nous en donnons la garantie, un pupille digne d'elle dans le peuple annamite, à cause de sa dou-
ceur, de son intelligence et de son amour de l'étude. L'Annam,
après avoir reçu nos semences, deviendra alors la France de
l'Asie, et cette nation tiendra le flambeau qui doit abattre cette
décrépite civilisation chinoise, obstacle à tout progrès. *Quelle
source de gloire pour la France!* Mais pour y arriver, elle se doit
en exemple à son pupille. *Elle doit témoigner la plus grande bonne
foi à ce gouvernement, en traitant loyalement avec lui, et en exécu-
tant fidèlement toutes les stipulations, entre autres celles du traité
du 5 juin 1862.* Nous devons toujours conserver le droit par
devers nous. Déjà, si nous en croyons des renseignements authen-
tiques venus de Saigon, les plénipotentiaires annamites, à un certain point de la discussion du dernier traité, auraient manifesté
d'une manière qu'on peut qualifier de grossière, d'injurieuse
même, leur étonnement de voir notre plénipotentiaire en référer
à son gouvernement pour certaines clauses, tandis qu'eux, dans lo
traité de Saigon, avaient eu des pleins pouvoirs réels. Mais s'il
faut leur laisser le mauvais rôle, cela nous montre combien nos
plénipotentiaires doivent apporter de bonne foi dans les négociations avec ces peuples : chez eux une malédiction s'attacherait à
la nation dont le représentant les aurait trompés, au lieu, comme
en Europe, de flétrir honteusement le négociateur parjure.

Pendant quelques années, nous devons régner sur cet empire à l'exclusion de toute autre influence étrangère, en y étendant successivement l'action de nos agents. Leur choix doit donc être fait avec le plus grand soin ; car de leurs bonnes qualités dépend le succès.

Pour faciliter ce choix, une mesure bien simple nous semble indispensable : elle ne peut trouver que de faibles obstacles, qui doivent s'offacer devant l'accomplissement d'une œuvre patrioti-que. Le gouverneur de nos possessions, dont le haut caractère offrira toujours de si grandes garanties, devient désormais le véritable représentant de notre Souverain dans l'extrême Orient. Concentrer dans ses mains toute l'action politique de ces régions nous semble naturel, afin de donner une impulsion unique, seule capable d'assurer de bons résultats. Tous nos consuls dans les royaumes voisins seraient sous son autorité; ce qui les obligerait à s'observer, et accélérerait non-seulement l'expédition des affaires, mais encore donnerait plus de vigueur aux intérêts de la France. Toutes ces nations sauraient qu'*à Saigon, capitale de la France asiatique, réside un représentant suprême qui tiendrait haut la gloire de son pavillon.* La création d'un bureau diplomatique auprès du gouverneur, en assurant ce résultat, donnerait les traditions nécessaires pour l'action continue de notre politique ; des fonctionnaires faits à la connaissance du pays s'y formeraient, et à l'avenir on n'aurait plus recours à de fâcheux expédients pour en trouver. Notre patrie prendra alors dans ces mers la position élevée qui lui convient ; tous ses enfants, sans distinction de carrière, pourront travailler avec ardeur et voir la récompense de leurs peines dans le développement de sa gloire et de sa grandeur.

Ah ! si ceux qui critiquent les expéditions lointaines avaient vécu hors de France, ils auraient éprouvé, en voulant la voir partout au premier rang, les ardeurs d'un vrai patriotisme qui les empêcherait de se donner en triste spectacle à leurs concitoyens : ils ne nieraient pas alors les résultats favorables que notre commerce, notre industrie et notre marine, source de l'opulence nationale, retirent de ces sacrifices d'argent et de sang. Ce n'est pas chez eux qu'il faut rechercher des natures généreuses comme celle des Dupleix. Heureusement que ces génies avides de la gloire de la France ne lui ont jamais manqué : ce sont plutôt les occasions qui leur ont fait défaut. Faisons appel à tous ceux qui s'intéressent vraiment à la grandeur du pays ; qu'ils étudient les événements accomplis dans l'extrême Orient, qu'ils pèsent le pour et le contre, et nous les défions, s'ils sont de bonne foi, de ne pas reconnaître que l'occasion de reconstruire un splendide domaine colonial s'offre à nous dans la question de Cochinchine.

Nous ne sommes plus au siècle des jalousies qui amènent des haines aveugles. Quelle nation pourrait donc en vouloir à la France de chercher à répandre d'une manière durable les bienfaits de sa civilisation sur vingt millions d'âmes ? N'aura-t-elle pas au contraire bien mérité du genre humain ? Aussi ne pouvonsnous croire qu'un danger menace encore de lui ravir cette glorieuse mission. La puissante intelligence qui dirige les destinées de la France ne laissera pas s'accomplir un acte qui détruirait les germes de la civilisation que deux grands peuples s'efforcent de déposer depuis vingt-cinq ans dans l'extrême Asie, au prix d'un sang versé souvent en commun.

Si nous nous sommes décidé à donner le jour à ces idées, qu'on veuille bien n'y voir qu'un reflet affaibli de nos propres convictions, convictions acquises par un séjour de six de nos plus belles années dans ces contrées. Dans ce moment où chaque pierre peut servir à construire l'édifice, nous aurons obéi à ce vieil adage : FAIS CE QUE DOIS, ADVIENNE QUE POURRA, en restant prêt à sacrifier de nouveau nos forces pour le triomphe des projets et de la fortune de la France.

FIN.

Paris. — Imp. DIVRY et Cⁱᵉ, rue N.-D. des Champs, 49.